AF262219

LA
RESTAURATION DU TRONE
D'ISABELLE II

PAR

OSCAR LESSINNES

PARIS

A. PANIS, LIBRAIRE

52, RUE LAFAYETTE

1869

LA
RESTAURATION DU TRONE

D'ISABELLE II

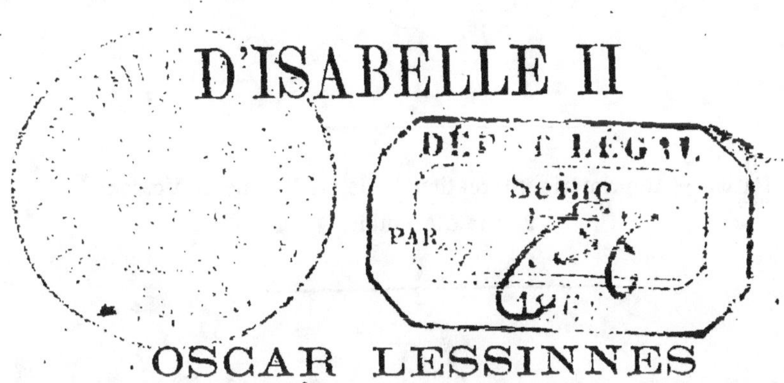

PAR

OSCAR LESSINNES

PARIS

A. PANIS, LIBRAIRE

52, RUE LAFAYETTE

—

1860

Paris. — Imprimerie internationale de G. Towne et Vossen
9, rue d'Aboukir.

I

Pour qui juge avec impartialité les événements d'Espagne, un fait évident ressort de la révolution de septembre.

C'est que les hommes qui occupent aujourd'hui le pouvoir, ont agi sans plan sagement médité et sans idées bien arrêtées sur ce qu'ils avaient à accomplir.

Leur humeur belliqueuse les façonnait pour la lutte. N'espérant pas un aussi facile triomphe, ils ont été pris au dépourvu. En réalité, ils envoyaient à la mort des milliers de soldats, jetaient l'Espagne dans le deuil et la ruine pour effrayer la reine Isabelle I et la forcer à les appeler aux affaires.

La reine, cependant, forte de son bon droit, confiante en l'amour, aujourd'hui encore persistant, du brave peuple espagnol, ne s'était point prémunie contre toutes les éventualités. Elle ne prévoyait ni les trahisons, ni les défections d'hommes élevés par elle aux honneurs. Les caractères généreux sont ainsi : ils ne soupçonnent pas la bassesse chez les autres.

Les factieux, trompant le peuple qui restait indolent, sont donc arrivés au pouvoir. Ils n'étaient pas préparés pour la victoire. Ils étaient allés plus loin qu'ils ne désiraient. Ils ont alors pris leur parti bravement ; et, pour expliquer leur étonnant succès, ils ont fait les promesses les plus riantes. Ils exposèrent, sans trop se douter de la gravité de ce qu'ils faisaient, la série de ces mille utopies, toujours les mêmes et qui, toujours aussi, causent de nouvelles joies à quelques déshérités de la fortune.

Le gouvernement provisoire va montrer ce que c'est que le miracle de la science infuse. Il est composé de trois soldats, braves sans conteste dans une bataille, mais à qui l'homme qui sait ce qu'il coûte de veilles, de travaux et d'études pour acquérir la moindre science politique peut nier le caractère sérieux d'hommes d'Etat. Eh ! qu'importe ! Ils vont tout transformer. N'ont-ils pas la baguette des fées, qui, à leur souhait, changera tout en or ? Mon Dieu, quelles grandes choses ne vont-ils pas accomplir ? Le monde émerveillé les rangera au rang des législateurs tels que Numa et Servius Tullius, ou des hommes-prodiges tels que César et Napoléon.

En quelques jours la richesse remplacera la misère, le niveau intellectuel des masses s'élèvera, la grandeur ancienne de leur belle patrie reviendra. On attend, on espère ; enfin ces génies bienfaisants se mettent à l'œuvre. O malheur ! on voit qu'ils ne lancent dans les airs que des bulles de savon qui s'évanouissent vite. Les masques tombent, et l'on s'aperçoit que ce ne sont que des hommes ambitieux et cupides, s'aimant eux-mêmes au lieu d'aimer leur pays.

« Du moins, se disent alors quelques esprits égarés par eux, mais restés honnêtes, du moins la reine Isabelle II aimait l'Espagne.

« Une reine bonne et généreuse, née sur le trône, élevée en vue du trône, confond sa vie avec la vie du pays. Elle n'a pour mission que de donner son affection à sa patrie. Elle n'a pas besoin d'être ambitieuse. Son esprit peut aisément se dépouiller des sentiments vulgaires, inhérents aux faibles hommes nés obscurément.

« Elle n'a rien à souhaiter que le bonheur de ses compatriotes. Elle ne saurait pas être de naissance plus illustre. Rien n'est au-dessus d'Elle. Elle n'a pas de désirs de grandeur ou d'ambition. On savait que, n'ayant rien à ambitionner, elle n'avait d'autre but que de donner le bonheur à ses sujets. Les hommes tels que Prim, nés on ne sait où, sont, au contraire, dominés par l'égoïsme ambitieux. Fatalement, ils s'aiment parce qu'ils sont ambitieux, et c'est leur ambition et non leur patriotisme qui les pousse au pouvoir. Ils ne font de leur pays qu'un marche-pied pour devenir grands et illustres.

« Pour la reine, au contraire, le pays est sacré ; c'est le but de ses pensées, de ses actions et de sa vie. A lui elle rapporte chaque mouvement de sa pensée, chaque battement de son cœur.

« Dieu l'a créée pour être toute à la patrie, et c'est pourquoi il a débarrassé son âme des ambitions ordinaires qui étouffent l'affection pour le pays. »

I

Mais, écoutez bien, chaque larme que Dieu fait verser à un peuple est payée dans l'avenir par des bénédictions infinies. Le Souverain Juge de toutes choses a voulu que l'Espagne pût apprécier, grâce à ses malheurs actuels, combien c'est une consolation et une force pour une nation de croire en l'honneur, en la probité et le dévouement désintéressé de ses gouvernants. On n'estime le bonheur que quand il nous a quittés. L'épreuve que subit la péninsule ibérique est terrible ; car jamais, dans l'histoire, on n'a vu un pouvoir abuser de la patience de ses administrés et de ses contemporains comme celui qui préside aujourd'hui aux destinées espagnoles. Jamais, en aussi peu de temps, fautes de tact, d'administration et de politique n'ont été commises aussi nombreuses et d'une façon aussi évidente. Chaque jour amène son acte de faiblesse. Chaque jour amène, de la part des écrivains, — le seul appui de ce bizarre gouvernement, — une défection, une phrase de dédain ou un sourire de pitié. Et si un grand peuple ne souffrait de ces fautes; si, tout stupéfait des immoralités politiques qu'on commet en son nom, il ne ressentait pas des regrets et une sourde colère contre ses oppresseurs, — colère et regrets qui, demain, attireront la misère après avoir fait couler des torrents de sang, — il faudrait s'applaudir de tous les excès et de toutes les fautes : les uns et les autres, poussés à l'extrême, ne feront que plus tôt réfléchir, amener plus vite des temps plus calmes, plus sages et plus modérés, et rappeler le règne de la justice.

III

Les hommes qui occupent le pouvoir actuellement, peuvent se trouver défendus par quelques écrivains qui prétendent que les accusations sont partiales, parce qu'elles viennent de royalistes.

Mais au point de vue révolutionnaire, MM. Prim et ses collègues ont-ils mené sagement leur barque ?

Des révolutionnaires convaincus, entraînés par l'apparence brillante de certaines utopies, impliqués dans le mouvement insurrectionnel de septembre, ne peuvent-ils pas venir dire qu'ils ont été trompés ?

Ainsi le pouvoir, que dirige M. Prim, a nonseulement trompé et trahi la reine, alors que Sa

Majesté leur accordait des honneurs; mais ils trahissent encore les pauvres d'esprit qui avaient mis leur confiance en eux et en la révolution. L'homme en effet est un : quand il a trahi une fois, il trahira toujours ; il peut changer de drapeau, mais toujours il apporte sous son nouveau drapeau ses imperfections et ses vices personnels. L'habit a changé : l'homme est resté le même. Il redeviendra ce qu'il a été.

Les révolutionnaires, non point ceux qui ont profité des événements de septembre, mais ces quelques hommes, peu nombreux, attirés vers le parti de l'émeute par l'amour sincère du changement, ne peuvent-ils point faire de graves reproches au gouvernement provisoire ?

Cette révolution, en effet, au nom de quels principes a-t-elle été faite? Nul n'a pu encore résoudre ce ténébreux problème.

Etait-ce le principe républicain qui était en vue ?

La mystification a été bien dure pour les partisans de ce principe.

Après quelques hésitations, le gouvernement provisoire a penché vers le parti monarchique.

Etait-ce la monarchie absolue que les vœux de ces Messieurs appelaient en Espagne ?

Non, disaient-ils. — Et pourtant, ce n'est pas la monarchie constitutionnelle qu'ils ont préférée ; c'est la monarchie démocratique, assemblage bizarre de mots discordants, qu'on peut remplacer par un seul mot : Césarisme. C'est-à-dire qu'en définitive le gouvernement provisoire a opté pour l'absolutisme, tout en s'en défendant, c'est-à-dire pour un recul vers les plus mauvais temps qu'ait eu à subir en Espagne la liberté de penser ; ils ont opté pour Philippe II. Le sentiment religieux des populations, aidé de la démocratie et de la royauté, mène exclusivement au règne de Philippe II avec toute son intolérance religieuse.

Ceux qui se disent épris du progrès retournent quatre cents ans en arrière.

Il est vrai que pour eux, ignorants, l'histoire n'existe pas. Hors de leur siècle, ils ne connaissent rien. Faisant tout dater du jour de leur naissance, ils regardent comme non avenus les enseignements que donne l'histoire, et sans lesquels un homme d'Etat digne de ce nom ne peut pas se dire ami du progrès. Le passé leur étant inconnu, ils progressent en ce qui les regarde : ils acquièrent chaque jour de l'expérience, mais cette expérience est acquise depuis longtemps par leur pays. Ils se croient progressistes, et ils le sont relativement à eux-mêmes ; mais ils sont en réalité très arriérés eu égard à leur patrie, à qui chaque génération de ces ignorants fait recommencer son existence. C'est ainsi que le progrès du pays reste stationnaire et que l'Espagne d'aujourd'hui recule au lieu d'avancer, parce que ses révolutionnaires sont des soldats, c'est-à-dire des ignorants en politique et en histoire.

Voilà nos héros, sans programme et sans principe fixe, arrivés au pouvoir. Les amis de la liberté crient merveille, car toutes les libertés sont octroyées au pays. Or, la liberté du commerce est encore attendue. La liberté religieuse, inscrite dans la constitution provisoire, n'existe que pour ceux qui ne veulent plus de religion. Liberté pour tous, oui ; mais ceux qui ne sont pas de notre avis seront persécutés. La liberté de réunion est en vigueur ; seulement, les rassemblements populaires de Cadix et de Malaga sont dispersés à coups de fusils, et M. Sagasta promulgue une loi qui restreint de la manière la plus stricte possible cette liberté. La liberté d'association existe pour les amis du pouvoir. C'est en vain que les jésuites, rentrés légalement dans le pays en 1851, par suite du concordat, en un mot par suite d'un traité international devenu loi du royaume, c'est en vain, dis-je, qu'ils invoquent cette liberté : ils sont expulsés et les sociétés de Saint-Vincent de Paul sont dissoutes. — Liberté pour tous, on le voit, excepté pour les autres. — Les vols et les assassinats n'ont jamais été aussi nombreux qu'aujourd'hui, et des hommes qui ont parlé d'abolir la peine de mort, ont fait massacrer des milliers de victimes à Cadix et à Malaga, en dérogeant à tous les principes d'humanité et de droit.

Et les finances ! oh ! C'est là qu'on devait voir le haut génie de ces pasteurs d'un peuple. Un impôt, par exemple, mécontentait. C'était l'octroi. La guérison la plus sûre est l'extirpation du mal. On supprime l'octroi. Seulement il faut remplacer par une autre source cette source de revenus qu'on vient de tarir. Ce gouvernement si libéral, si avancé, si savant, recourt à la science d'un grand économiste, M. Figue-

rola, et la capitation vient remplacer l'octroi.
C'est-à-dire que le mode le plus rudimentaire de
perception d'impôts est trouvé et pratiqué comme une précieuse nouveauté. Encore, le gouvernement actuel manque-t-il des moyens et du
prestige suffisants pour réussir dans cette réforme. Mais qu'importe? N'a-t il pas sous la
main l'emprunt, et, aussitôt dit, aussitôt fait:
on lance dans le public les prospectus annonçant
l'emprunt, sans songer que le principe des em-
prunts avait jadis été fort malmené, quand on
était de l'opposition. Mais il n'est point de grand
homme d'Etat sans contradiction ni inconséquen-
ce. Rien n'a été négligé pour couvrir cet emprunt :
on a frappé à toutes les portes et on a cherché de
l'argent à l'étranger. Les portes sont restées fer-
mées et l'argent n'est pas venu. Alors on a eu
recours à des négociations, qui n'ont pas été pu-
bliées, mais que des indiscrétions permettent de
croire très-blámables sous tous les rapports.

L'économie est la vertu des gouvernements,
comme elle est celle des particuliers. Aussi al-
lait-on faire disparaître du budget bien des pos-
tes dispendieux et opérer, en tous genres, des
réductions destinées à acquérir les bénédictions
populaires. Bien loin de là, on a agrandi considé-
rablement les dépenses, en augmentant les ca-
dres de l'armée, en faisant des généraux outre
mesure, en donnant des avancements injustifiés
à tous les officiers de la marine et de l'armée.
Cette insulte aux militaires espagnols, que le
gouvernement provisoire a jugés à sa mesure
comme étant capables de vendre leur conscience

pour une augmentation de salaire, aura son châ-timent. Les hommes se vengent toujours d'avoir été regardés en gens méprisables et dignes d'être corrompus, encore que cette corruption leur ait donné du bénéfice.

Quant aux recettes, elles sont épuisées par le commerce frauduleux des contrebandiers. Les affaires sont à ce point de décrépitude qu'on ne voit pas par quels moyens le gouvernement par-viendra à payer la rente publique à l'échéance du présent semestre, fin de juin.

Tout du reste est en souffrance, et personne ne s'occupe d'affaires. Chacun éprouve de la mé-fiance à l'égard de son voisin. Il n'y a pas de sûreté pour les propriétés ni pour les récoltes. Fermiers et cultivateurs sont dans l'affliction et la crainte. Enfin la situation est affreuse dans ce malheureux pays.

Toujours très prodigue de projets, le parti ré-volutionnaire avait annoncé une réforme dans la régie du tabac et du sel. La réforme douanière devait aussi entrer dans un vaste ensemble de modifications. Rien n'a été fait. Pardon : tous ces projets n'aboutissant jamais, ont élevé la mé-fiance parmi les négociants et anéanti le peu d'industrie que l'Espagne possédait, menacé tous les intérêts, et de défiance en défiance conduit le peuple à manquer de travail. Les artisans n'ont plus de pain ; il est vrai qu'ils ont des fusils pour s'entretuer. Consolation bien douce et même bien charitable !

Quand on met toujours en avant les mots qui sont les plus sonores dans toutes les langues, quand on parle constamment de liberté, de progrès, de patriotisme et d'honneur, on devrait au moins aboutir à l'une ou l'autre mesure utile, pratique, bienfaisante. Un gros zéro en chiffre peut se mettre en face de chacune des promesses faites, dont la longue liste avait été prétentieusement déroulée sous les yeux stupéfaits des masses. Les promesses auxquelles il a été pensé, n'ont reçu qu'un commencement d'exécution dérisoire, s'il n'était funeste. Les colonies avaient appelé l'attention. Des réformes étaient demandées. Mais dans quelles conditions ces réformes devaient-elles s'exécuter ? Fallait-il appeler la représentation des colonies dans les chambres avant ou après l'émancipation des nègres ? Les blancs et les noirs seraient-ils également aptes aux emplois et à la représentation nationale ? Questions bien ardues et bien difficiles, qu'on a imprudemment livrées à des discussions, sans les avoir préalablement soumises à un programme, risquant ainsi de faire perdre à l'Espagne ce qui lui reste des glorieuses découvertes de Christophe Colomb.

Le gouvernement n'est pas plus heureux, en ce qui regarde les îles Philippines et Fernando-Poo. Il ne sait qu'en faire, pas plus qu'il ne parvient à se décider à l'égard de l'insurrection de Cuba, qui a été la première conséquence de ses fautes, et qui portera certainement des fruits honteux, souvenirs peut-être éternels de cette honteuse révolution.

Enfin, ce qu'un homme de leur propre parti pourrait encore reprocher aux révolutionnaires, c'est la déloyauté avec laquelle a été mis en pratique le principe du suffrage universel. La ruse, la violence, l'oppression sous toutes ses plus hideuses formes : rien n'a été négligé pour arracher aux masses une décision, qui par cela même n'est pas l'expression sincère, franche et honnête des vrais sentiments nationaux.

IV

Mais pourquoi aller parler d'honnêteté à un gouvernement que dirige M. Prim, ancien soldat des corps-francs ?

L'honnête homme n'est pas seulement celui qui ne vole ni ne tue. L'honneur, chose délicate et noble, relève de la moralité universelle, de ces mille sentiments généreux, innombrables et se déduisant les uns des autres, comme les anneaux d'une chaîne. Si un anneau se brise, si un sentiment se meurt, la chaîne est perdue et l'honneur aussi.

M. Prim n'a pas commis de ces actions banales qui font mettre un homme au bagne. Il a la probité ordinaire des gens de commerce, cette probité courante que tout le monde possède quand il a du pain sur la planche, et qui est si facile à conserver. Mais il n'a plus l'honneur délicat des gens du monde, l'honneur qui rend un homme fier et fait regarder avec bonheur par l'histoire le citoyen, chargé des affaires publiques, qui s'en montre paré comme d'une lumineuse auréole.

Sait-il lui-même que ses actes présents et ses paroles passées offrent de telles contradictions, qu'on sent en lui un esprit léger, une délicatesse effeuillée et fanée, comme en ont les parvenus épris de leurs mérites, confiant en leur étoile, ignorant la haute valeur de mots chevaleresques, que l'homme vraiment supérieur ne lance pas à la légère ? Si l'on sentait en lui un homme sans naissance, ce ne serait rien : tout le monde ne vient pas de Jupiter, et c'est une gloire comme une cause de légitime fierté que d'arriver à tout quand on est sorti de bas. C'est une belle chose qu'un homme arrivé ; c'est là la consolation, l'espoir et le soutien des petits. Mais en M. Prim, on voit que le cœur, l'esprit et le caractère ne se sont point parallèlement élevés en même temps que sa fortune. Les mains de l'artisan sont calleuses et le cœur souvent bon, doux et poli ; mais en M. Prim le cœur est pour ainsi dire calleux.

L'homme en qui la Reine devait trouver son plus cruel ennemi a prodigué à sa souveraine les expressions les plus humbles de son dévouement. L'œil vif, le maintien assuré, le langage coloré : tout semblait faire croire à sa sincérité, bien qu'une certaine emphase de mauvais goût, mise alors sur le compte d'une éducation faussée, faisait penser, qu'on me pardonne le mot, à *la blague* des commis-voyageurs français.

M. le général Prim répondant, dans la séance du 18 décembre 1854, aux dures attaques d'un démocrate, M. Ordax Avecilla, parlait ainsi : « J'ai été toujours ce que je suis maintenant, monarchique et constitutionnel. J'aime la reine Isabelle II, comme je l'aimerai toujours. Je la défendis sur les champs de bataille, comme je la défendrai toujours, là ainsi qu'à la tribune. Sur les champs de bataille me trouveront pour leur malheur tous ceux qui voudront attaquer la reine, et si vous étiez le vainqueur, ne vous attendez pas à ce que je vous demande grâce, trève ou quartier. Vous pouvez prendre note de ces mots pour que, si le jour arrive, nous engagions le feu ensemble. (Applaudissements.)

M. Prim continue : « M. Ordax Avecilla a supposé que, si le parti républicain était le vainqueur, le jour suivant de la victoire je serais avec lui, c'est-à-dire que M. Ordax Avecilla me juge d'après lui. Je repousse cette supposition, parce qu'elle est indigne d'un homme d'honneur. M. Ordax Avecilla n'est pas juge compétent pour me juger là-dessus. M. Ordax est trop myope pour mesurer l'immense hauteur à laquelle arrivent ma dignité (mon HIDALGUIA) et ma loyauté éprouvée. (Applaudissements.) Voilà mon histoire, ma vie politique et militaire. »

Si l'on doit de la courtoisie à un adversaire vainqueur ou tombé, ne peut-on au moins lui reprocher ses contrastes et nier sa valeur sérieuse ? Des affirmations aussi solennelles attestant le dévouement à la reine, suivies d'une hostilité aussi triste dans ses effets, ne sont-elles pas venues d'un auteur qui a fini par perdre le sentiment de l'honneur, impliquant le respect dû à la parole jurée ?

M. Prim ferait fi de ses anciens dédains pour la république comme il l'a fait de ses anciennes protestations de dévouement à la reine, si demain la république était proclamée à Madrid. Il avait déjà hésité, au début de la révolution, sur la forme de gouvernement à patronner devant le peuple. Il a encouragé, assurément, dans sa proclamation, la forme monarchique constitutionnelle pour laquelle ses sympathies s'étaient jadis si énergiquement accentuées? Non pas, il a encouragé la forme monarchique démocratique. Du reste, il l'a promis, il s'inclinera devant la décision des Cortès. Il l'a presque juré : mais jurer est pour lui comme une façon familière de parler.

Il serait curieux maintenant de reproduire le texte littéral du serment que le général a prononcé solennellement, devant la reine, quand, créé marquis de los Castillejos et grand d'Espagne, il a dû passer par la formalité d'un serment. Il y a, pour cette circonstance de l'investiture de la Grandesse, un serment ordinaire qui n'a pas paru suffisant à l'ardent royaliste. Il a cru devoir renforcer le texte ordinaire ; et, de sa plume de Tolède qu'il aime à manier, il a écrit le brillant morceau d'éloquence suivant :

« Madame, en recevant aujourd'hui l'investi-
« ture de la Grandesse de première classe dont
« Votre Majesté a daigné m'honorer en récom-
« pense des services que j'ai eu le bonheur de
« lui rendre pendant la récente et si glorieuse
« campagne d'Afrique, mon premier devoir est
« de m'incliner devant ma souveraine et de lui
« exprimer la vive gratitude que je ressens en-
« vers la Reine qui m'a élevé à la haute dignité
« grâce à laquelle je marche aujourd'hui l'égal
« des plus nobles seigneurs de votre cour, aussi
« grand que les plus grands du royanme.»

« Si le devoir d'un général, comme celui de tout
« militaire, est de servir toujours avec loyauté et
« vaillance sa souveraine et sa patrie, quand ce
« militaire, quand ce général est grand d'Espa-
« gne, quels efforts ne doit-il pas faire pour se
« rendre de plus en plus digne de l'estime de
« l'auguste Reine dont il tient un titre de no-
« blesse aussi éclatant ?

« Il doit faire, Madame, ce que, la main pla-
« cée sur la garde de sa loyale épée, jure de
« faire le marquis de Los Castillejos : *Défendre
« votre droit au trône des Espagnes contre ceux qui
« oseraient les attaquer ; défendre aussi votre per-
« sonne toujours, dans toutes les occasions, et quelles
« que soient les vicissitudes des temps ; verser pour
« elle jusqu'à la dernière goutte de mon sang ; et en-
« fin lui être fidèle jusqu'à mon dernier soupir.* »

Il est impossible de garder son sérieux devant
l'existence panachée de serments et de trahisons
du noble Hidalgo. On ne peut attribuer qu'à l'i-
gnorance où l'on est en Europe vis-à-vis de la

langue espagnole et par conséquent des affaires
réelles de ce pays, l'accueil honorable fait à
M. Prim et à ses missives dans les cours étrangères. Il a osé hier adresser une lettre de condo-
léances au pauvre roi éprouvé de la Belgique.
Son audace étonne, et un tel caractère, dans les
pays du Nord, passerait pour fou. Si les gens de
cœur ne considèrent point comme fou M. Prim,
le peuvent-ils prendre pour un homme loyal?

V

Tout conjure pour rendre impossible le gouvernement que dirige un pauvre homme d'Etat. Les fautes les plus grossières s'amoncellent les unes sur les autres.

On a chassé une princesse véritablement dévouée aux intérêts espagnols. D'une famille qui donna tant de défenseurs à l'Espagne, la reine est profondément Espagnole par toutes les fibres de son cœur. Eh bien ! pour répondre aux espérances de ceux qui veulent que, sorti du peuple, le gouvernement provisoire soit aussi espagnol qu'elle, ce gouvernement va demander un souverain à l'étranger ! Les Tuileries ont été sollicitées de fournir ce prince; puis on a eu recours à Florence; on a été ensuite à Lisbonne; on a circonvenu l'Angleterre. Enfin un prince étranger à l'Espagne, qui ne se souciait pas beaucoup de ce pays il y a quelques jours, a été cherché de tous côtés pour soutenir avec ses idées étrangères l'indépendance espagnole.

Or, nul peuple n'est peut-être d'un patriotisme plus jaloux et plus exclusif que celui d'au-delà les Pyrénées. Eh bien, ce n'est pas la seule fois qu'on a trempé avec les étrangers. Si l'on voulait aller remuer les bas-fonds de certaines intrigues, on trouverait que les révolutionnaires ont niaisement suivi les inspirations secrètes des étrangers qui s'unissaient pour la perte de l'Espagne. Si l'on prêtait attention à tout ce qui se dit dans les journaux allemands, une lumière éclatante ne jaillirait-elle pas pour ceux qui doutent que l'argent de Bismark ne soit pour beaucoup dans cette révolution ? La Prusse n'avait-elle pas tout intérêt à soulever celle-ci afin de priver la France de l'alliée sûre que la reine Isabelle était pour l'empire? Oserait-on nier que les révolutionnaires n'aient pas touché l'argent de certains négociants français, intéressés à propager un mouvement pour mettre, à sa faveur, en pratique sur une vaste échelle, une contrebande préparée de longue main ?

Les esprits réfléchis oseraient-ils repousser l'idée qu'en présence de tant de faits honteux et contraires à la nature espagnole, la révolution se maintienne longtemps? Pour moi, je la trouve à ce point faussée, que je ne la crois point durable.

Une considération qui me fait croire au retour de la reine Isabelle, c'est surtout ce qui pourrait en faire rejeter l'idée par d'autres; c'est l'esprit démocratique qu'à tort on a voulu faire éclore en Espagne plus tôt qu'à son heure.

Si les sentiments démocratiques ne sont pas bien profonds, la Reine qui a régné sans eux est naturellement rappelée en Espagne. Si ces sentiments ont de la consistance, la Reine est encore la seule souveraine apte à régner.

En effet, la vraie démocratie, largement pratiquée, n'est possible qu'avec un gouvernement assis de longue date, ayant des racines profondes dans le pays, et occupant une place à laquelle personne ne peut légitimement prétendre. Ce qui tue la démocratie, ce sont les ambitieux qui veulent la diriger et s'en servir. Elle peut seulement exister sous un gouvernement tellement incontesté qu'il ne soit pas l'objet de compétitions.

M. de Chateaubriand disait que la démocratie, — alors que les peuples seront mûrs pour elle,— ne subsistera avec un caractère franc et sincère que là où une vieille race gouvernera depuis longtemps et continuera les traditions inhérentes aux antiques familles régnantes. Ces traditions, à partir de la féodalité, ont été de s'appuyer sur les masses, afin d'étouffer les seigneurs trop forts. Si des secousses violentes n'avaient pas renfermé pour ainsi dire en elles-mêmes les vieilles maisons royales, elles auraient continué, par esprit de rivalité et par crainte d'influences,— autres que la leur et trop puissantes dans l'Etat, — à renverser tout ce qui était entre le peuple et les rois, et ainsi à établir une monarchie semblable à celle qu'avait rêvée plus d'un grand roi. Ce ne peut être qu'une famille qui confonde son existence avec celle du pays, comme les Bourbons, qui soit à même de faire régner en Espagne une saine et large démocratie.

VI

Nulle solution autre n'est possible en Espagne
que le rappel de la reine Isabelle et de sa famille. Aucun prince étranger n'est acceptable,
ni même ne voudrait accepter, à cause de rai-
sons internationales appuyées sur l'équilibre eu-
ropéen. Le patriotisme de l'Espagnol étant con-
nu, nulle famille ne répond mieux aux aspira-
tions exclusives du pays que la famille d'Isabelle, où les deux chefs, la Reine et le Roi, sont
tous deux de sang espagnol.

Si le gouvernement provisoire n'était retenu
par des considérations d'amour-propre, il voudrait revenir sur ce qui a été fait et se débarras-
ser, par le retour de la Reine, des embarras et

dés complications inextricables où il se trouve.

Qu'il se tourne de quelque côté qu'il veuille, il ne voit qu'une seule solution : la restauration des Bourbons, qui comprennent le caractère espagnol et s'identifient avec ses goûts de liberté, — des Bourbons, dont la reine est aujourd'hui l'auguste représentante, et qui aimeraient faire marcher l'Espagne à la tête du progrès moderne, si la nature de l'Espagnol était guidée par les chefs populaires qui ont assez d'influence sur elle et assez de talent pour la bien inspirer, et si surtout les forces de la nation, au lieu de se gaspiller en dissensions, se groupaient autour du trône d'Isabelle II.

Supposez une princesse moins soucieuse que la reine Isabelle II de sa dignité vis-à-vis des autres souverains d'Europe.

Elle pourrait, par une décision énergique, hardiment se présenter aujourd'hui à Madrid. La première effervescence que tout mouvement excite dans un peuple est passée, et passé avec elle le goût du désordre. Le commerce est fatigué de cinq mois d'inoccupation. La misère entre partout. Avec la souveraine légitime se rétablit la confiance. Si les Cortès étaient l'expression véritable des sentiments populaires, si elles représentaient l'opinion publique avec exactitude, si elles n'étaient pas composées en partie d'hommes arrivés à la députation par surprise, ces Cortès, réunies pour voter une constitution, travailleraient de concert avec la souveraine, qui connaît les défauts de celle qu'elle a pratiquée si longtemps.

Si la reine, dans une pensée de dévouement, se dirigeait seule vers Madrid, sans autre soutien que la justice de sa cause, sans autre armée que le souvenir des bienfaits qu'elle a semés dans un règne de vingt-quatre ans, cet acte d'énergie, que des esprits froids peuvent traiter à la légère, serait suivi du succès. Le peuple aime les actions courageuses.

Si la reine, se dévouant à sa cause et n'écoutant que son courage, allait avec confiance et fermeté se présenter devant des Cortès librement élues et leur demander, avec l'héroïsme d'un grand cœur, de juger sa vie, ce serait méconnaître la noblesse de caractère des Espagnols, que de les supposer incapables d'apprécier la grandeur d'une telle conduite. « Les Bourbons savent mourir, dirait-elle ; si mon peuple n'a plus pour moi l'affection sur laquelle je comptais, je demande un jugement, et je réclame la même mort qu'une glorieuse reine de France. »

Il y a des exemples historiques attestant que l'audace et le courage tranchent seuls certaines difficultés politiques.

Une princesse aussi généreuse qu'Isabelle II a laissé dans le cœur des pauvres des souvenirs innombrables de bienfaits, et dans l'esprit de tous la mémoire de quelques dons ou de quelques distinctions. Les hommes pris en masse sont bons et les foules se laissent entraîner facilement aux mouvements du cœur.

La démarche énergique et fière de cette reine dépouillée, venant se confier à la générosité de son peuple, serait accueillie par des transports d'allégresse. Ce n'est jamais en vain qu'un souverain se montre héroïque ; mais il faut savoir se décider vite et exécuter aussi vite. Il faut agir, et il y a des heures où toute délibération est un temps d'arrêt funeste. Les républicains intriguent ; les carlistes s'agitent et arment. Il y a des minutes dans la vie qu'il faut saisir au passage et qui ne reviennent plus. Si les choses sont prises assez tôt, il y a une restauration possible, qu'explique l'indifférence première avec laquelle le vrai peuple avait accueilli l'émeute.

Les cabinets européens ont été trompés par M. Prim. Ils ne connaissent pas le peu de valeur des récriminations révolutionnaires, ni par quelles gens elles sont faites. Assez longtemps a été jouée l'infâme comédie de trahisons et de mensonges. Que les temps reviennent à la vérité et l'Espagne à la justice et à ses souverains légitimes.

A un âge où l'esprit et le caractère se sont fortifiés au contact des grandes affaires, la reine Isabelle II est encore appelée à inscrire de glorieuses pages dans l'histoire de l'Espagne et de la civilisation européenne. Tout n'est pas fini, parce qu'il plaît à des hommes peu sérieux d'occuper une place dont ils sont indignes. Que les peuples descendent en eux-mêmes et que Dieu daigne enfin se souvenir d'un brave peuple qui l'a servi avec fidélité, et d'une illustre et grande famille déjà trop éprouvée. Que la Providence miséricordieuse inspire à la reine une de ces décisions énergiques, par lesquelles les grandes âmes s'affirment.

Si Dieu enlève leur pernicieuse force à des révolutionnaires qui corrompent le suffrage universel, si les Cortès sont l'expression sincère des vœux du pays, qu'il guide aussi les pas de la souveraine. Tous les cœurs loyaux, tous les hommes loyaux en Europe lui crient : « Reine infortunée et méconnue, l'Espagne vous appelle. Remontez sur le trône de vos pères.

« Il n'est plus en Espagne un homme d'honneur qui ne souffre de votre absence et ne gémisse sur vos malheurs. Montrez-vous comme toujours forte et énergique. Les braves cœurs, qui ne savent point intriguer ni se réunir, sont la majorité dans votre belle Patrie, qui n'est agitée que par des ambitieux, relativement en petit nombre.

« Reine, n'abandonnez point une partie qui serait gagnée par votre courage. A votre appel tout ce qu'il y a de sang pur, jeune et généreux, bouillira en Espagne et cherchera à se verser pour Votre Majesté.

« Que Dieu vous inspire ! L'avenir de l'Espagne est dans votre courage. Quand les peuples commettent des fautes, Dieu pardonne en faveur de l'énergie des princes. Vos mains royales renferment le bonheur ou le malheur éternels de l'Espagne. Que Votre Majesté dévoue encore sa vie aux intérêts des pauvres Espagnols, qui attendent tout d'elle.

« Il reste sans doute en Espagne d'honnêtes hommes politiques à qui votre cause puisse être confiée. Mais si Votre Majesté n'en trouve point, hélas ! il faut s'incliner devant les décrets impénétrables de la Providence. La cause de l'honneur est perdue, et la loyauté est devenue un vain mot en Europe. Nous tous qui avions foi en l'avenir, pleurons sur l'entrée de la barbarie dans notre continent.

« Mais, non, mille fois non, tout espoir n'est pas évanoui. Il n'est pas possible qu'avec votre dynastie, la dernière régnante de la grande et illustre Maison de Bourbon, disparaisse à jamais ce qui liait l'Europe moderne aux traditions d'honneur, de justice et de droit d'un temps passé et qui a eu sa gloire. Espérons, et ne soyons point abattus. »

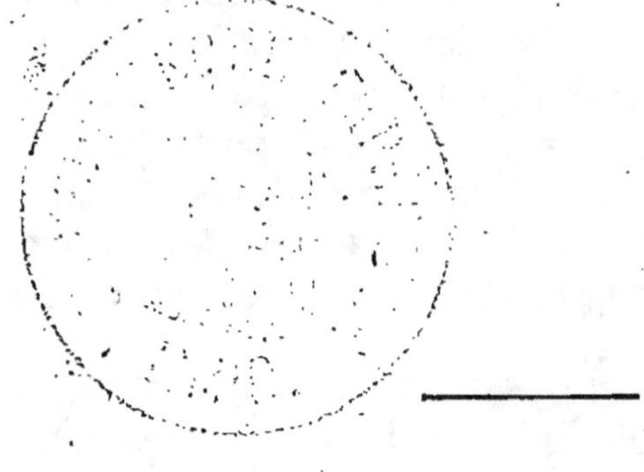